AF495008

LE BIENHEUREUX LOUIS-MARIE

GRIGNON DE MONTFORT

Le bienheureux Louis-Marie Grignon de Montfort.

LE BIENHEUREUX LOUIS-MARIE

GRIGNON DE MONTFORT

NOTICE

sur la vie admirable de ce saint missionnaire

SUIVIE DE SA MÉTHODE

pour réciter avec fruit le saint Rosaire

LIBRAIRIE SAINT-JOSEPH

L.-J. BITON, ÉDITEUR

à Saint-Laurent-sur-Sèvre (Vendée).

LE BIENHEUREUX LOUIS-MARIE

GRIGNON DE MONTFORT

NOTICE

sur la vie admirable de ce saint missionnaire.

I

Dans un siècle où, dans le beau royaume de France, tout n'était, pour ainsi dire, « que concupiscence de la chaire, concupiscence des yeux et orgueil de la vie..., mal qui vient du monde et non du Père céleste. » Dieu suscita un homme selon son cœur, exprimant dans ses mœurs et dans toute sa conduite la folie de la croix de Jésus-Christ, cet homme était le B. Louis-Marie Grignon (1). Né le 31 janvier 1673, à Montfort-sur-Meu, autrefois du diocèse de Saint-Malo, aujourd'hui de celui de Rennes, Grignon de la Bacheleraie, plus communément appelé de Montfort, du nom de la ville qui lui donna le jour, reçut au

(1) Décret apostolique proclamant l'authenticité des miracles.

baptême, le nom de Louis; sa piété et son amour pour la Mère de Dieu l'engagèrent à y joindre celui de Marie, qu'il prit au jour de sa confirmation. Ses premières années furent comme l'aurore d'un beau jour, et il montra dès ce moment tant d'inclination pour la vertu et une si vive horreur du péché qu'il semblait que l'innocence et la sagesse fussent nées avec cet enfant de bénédiction.

Ces mots « **Dieu seul** » qui, depuis lui, furent si familiers, semblaient dès lors gravés dans son âme. A cet amour pour Dieu, il joignit toujours la plus tendre dévotion à Marie qu'il aimait à appeler sa mère, sa bonne mère, sa chère mère.

La piété de Louis était trop réelle et trop bien entendue, pour qu'il laissât rien à désirer dans l'accomplissement de ses devoirs. Quoique son père fût d'un caractère violent et s'emportât quelquefois contre lui jusqu'à l'excès, jamais il ne fit entendre une plainte : il saisissait toutes les occasions de témoigner à ses parents son respect et sa soumission.

A l'âge de douze ans, son père le plaça au collége de Rennes pour y faire ses études. Sous l'habile direction des Révérends Pères Jésuites, Montfort fit de rapides progrès dans les sciences; mais combien furent plus grands encore ceux qu'il fit dans la voie de la perfection.

Au nombre des écoliers qui suivaient avec lui le cours de logique, il y en avait un si pauvre et si mal vêtu qu'il était l'objet du mépris et de la risée des autres. Louis, sans en être prié, se charge de lui procurer un vêtement convenable et sollicite la charité de ses condisciples. La somme recueillie était loin de suffire et il était d'ailleurs par lui-même hors d'état d'y suppléer. Mais la charité est ingénieuse : il va avec le pauvre écolier chez un marchand : « Voici, lui dit-il, mon frère et le vôtre; j'ai quêté dans la classe ce que j'ai pu pour le vêtir, si cela n'est pas suffisant, c'est à vous d'ajouter le reste. » Ces paroles ont leur effet; la charité engendre la charité; le marchand fait ce qu'on lui demande avec tant de simplicité, et le pauvre élève est vêtu au grand étonnement de ses condisciples qui commencent alors à vénérer l'auteur de cette bonne œuvre.

Dans le cours des vacances qui suivirent sa physique, dit M. Blain, j'allai avec lui chez un ami commun; ce voyage me le fit connaître plus particulièrement. Ses discours n'étaient que de Dieu et des choses de Dieu; déjà son cœur ne pouvait plus se contenir, et ne cherchait qu'à se répandre sur le prochain par des témoignages effectifs de charité. Souvent il se déroba à nos yeux pour aller en secret embrasser, caresser un pauvre mendiant hébété et fort disgracié de la nature ; il se jetait même à ses pieds pour les baiser quand il se croyait hors des regards des hommes. Mais il ne put si bien se cacher, que je ne le surprisse dans ses pieux transports de charité.

Après avoir terminé ses humanités, le fervent jeune homme fut placé par les soins d'une pieuse demoiselle dans une communauté à Paris. Cette maison avait été fondée depuis quelques années, en faveur de jeunes ecclésiastiques pauvres, par M. Battu de la Barmondière, ancien curé de la paroisse de Saint-Sulpice. Pendant le temps qu'il passa dans cette maison, les peines qui brisent le cœur et font naufrager tant de volontés indécises n'épargnèrent pas Montfort. Au bout de quelques mois sa bienfaitrice cessa de payer la pension promise, et Louis ne put rester dans la maison qu'à la condition d'accepter l'emploi d'aller veiller les morts de la paroisse. La rétribution attachée à cet office devait lui tenir lieu de pension.

Le 18 septembre 1694, Montfort reçut les ordres mineurs. Dieu, qui voulait éprouver son serviteur, ne le laissa pas longtemps dans la joie parfaite de ce beau jour, car aussitôt M. de la Barmondière tomba malade et mourut. Le coup qui venait de frapper le pasteur dispersa le troupeau et la communauté prit fin avec la vie de son saint fondateur.

Montfort fut reçu dans une pauvre communauté où l'on manquait de tout ; les privations qu'il y endura furent si grandes, que sa santé en fut altérée au point qu'il fallut le transporter à l'hôtel Dieu où il fut bientôt jugé mourant. Quand il semblait n'avoir plus que quelques heures à vivre, il annonça son rétablissement prochain d'une manière si positive qu'on ne put attribuer cette assurance qu'à une connaissance surnaturelle. Sa convalescence fut aussi rapide que l'avait été le progrès de sa maladie. Il parut tout à coup comme un ressuscité, et bientôt il fut en état de se lever, de marcher et de reprendre ses exercices accoutumés.

La Providence permit enfin que les portes du Séminaire de Saint-Sulpice s'ouvrissent devant lui. Il y fut reçu comme un ange du ciel par les directeurs et ses condisciples qui, déjà, avaient entendu parler de ses vertus extraordinaires. « Dès les premiers jours, dit un élève, il parut « au milieu de nous comme un aigle qui s'élève « et se perd dans la nue, laissant bien loin après « lui ceux même qui paraissaient les plus par- « faits. »

Cinq années environ s'écoulèrent dans ce lieu béni, qui fut pour Montfort le creuset, où s'épura son humilité, son obéissance et sa patience, et où grandit prodigieusement son amour des croix.

Ses études de théologie étaient terminées. Rempli, comme tous les saints, d'une juste frayeur à l'aspect du sacerdoce, Montfort gravissait lentement la sainte montagne, n'aspirant qu'à retarder le moment d'en toucher le sommet, lorsqu'enfin on le pressa de monter plus haut ; son humilité opposa des difficultés et des larmes, et il fallut un ordre formel. Alors il courba les épaules sous un fardeau que les anges eux-mêmes ne recevraient qu'en tremblant.

Il fut ordonné prêtre le 5 juin 1700, par Mgr Flamanville, évêque de Perpignan, et après plusieurs jours de préparation il parut comme un ange à l'autel. Qui pourrait dire toutes les consolations dont le nouveau ministre du Seigneur fut inondé en célébrant sa première messe? C'est un secret qu'il faut laisser aux anges, pour qui l'oblation du saint sacrifice faite par un prêtre tel que Montfort doit être le plus délicieux de tous les spectacles.

II

A partir de son sacerdoce, Montfort devint plus que jamais l'homme de Dieu et du prochain; le zèle du salut des âmes le dévorait intérieurement; il eût voulu embraser tout l'univers de ce feu sacré que Notre-Seigneur est venu apporter sur la terre. Un attrait puissant le poussait à se consacrer aux missions des campagnes, et la suite prouvera combien les desseins de la Providence étaient en harmonie avec les désirs du saint prêtre. Un voyage qu'il fît à Nantes lui donna occasion de commencer l'exercice de ce genre de prédication. Mais il lui fallut bientôt retourner à Paris. Au lieu de se rendre directement à la capitale, Montfort passa par Poitiers où il croyait n'aller que pour une affaire dont il s'était chargé; la Providence avait d'autres vues en le conduisant dans cette ville. Etant allé dire la messe à l'hôpital, l'air de piété qu'il portait toujours dans cette auguste fonction, le profond recueillement avec lequel il passa l'heure entière de son action de grâces frappèrent les pauvres qui en furent témoins. Sur leurs vives instances et après avoir obtenu les autorisations de son évêque et de Mgr de Poitiers, il devint leur aumônier. L'hôpital fut dès lors le théâtre principal de son zèle. Non content de prodiguer ses soins aux infirmités spirituelles, il s'occupait aussi des besoins corporels et rendait aux malades les services les plus pénibles et les plus rebutants. Une fois, un pauvre attaqué d'une maladie contagieuse et tout couvert de plaies, avait été refusé par la crainte qu'il ne communiquât son mal à d'autres, Montfort obtint, à force de prières, qu'il fût reçu et placé, pour prévenir la contagion, dans une chambre retirée. Il se chargea de tout ce qui regardait ce malade, sans vouloir que personne ne partageât avec lui les charitables offices qu'il lui rendait. Un jour qu'il pansait ses plaies, la nature eut plus de peine qu'à l'ordinaire à soutenir la vue d'un spectacle qui faisait horreur. Montfort se reproche ce sentiment comme un excès de délicatesse, et pour triompher entièrement de ses répugnances il rassemble dans le creux de sa main le pus de ses plaies et l'avale dans un suprême effort de volonté. En racontant confidentiellement ce trait à la sœur Marie-Louise de Jésus, pour l'encourager à se surmonter elle-même, il ajoutait que, par un effet sensible de la grâce, jamais il n'avait rien bu de si délicieux.

Cependant Montfort n'oubliait pas le voyage qu'il devait faire à Paris, et dont l'exécution avait été suspendue par son séjour à l'hôpital de Poitiers. De nouvelles croix l'y attendaient. Ses anciens supérieurs refusèrent de se charger de sa conduite, quoiqu'au fond ils fussent pleins d'estime pour sa vertu comme leurs lettres et leurs discours l'ont fait paraître en plusieurs circonstances. Cette épreuve fut la plus pénible de toutes pour notre jeune prêtre. Pendant que la Providence permettait qu'il fût humilié à Paris, sa réputation grandissait à Poitiers et l'on y rendait à son mérite une justice éclatante. On lui écrivit pour hâter son retour, et il revint au milieu de ses chers malades rempli des vertus qui avaient fait autrefois leur admiration. Le soin de l'hôpital ne suffisait pas à son ardeur ; il se multipliait au dehors pour prêter son concours à toutes les œuvres utiles qu'on lui permettait de partager.

Ce fut pendant le séjour que le saint homme fit à cette époque dans la ville de Poitiers, qu'il posa la pierre fondamentale de la congrégation des Filles de la Sagesse. Le 2 février 1703, il admit à la profession religieuse Melle Trichet, issue d'une honorable famille du Poitou, lui fit prendre un costume particulier tel que le portent aujourd'hui les Filles de la Sagesse, et voulut qu'elle ajoutât le nom de Jésus à ceux de Marie-Louise qu'elle avait reçus au baptême. Marie-Louise de Jésus fut la première Supérieure de cet admirable Institut, dont les membres se trouvent partout où il y a une intelligence à diriger, un cœur à former, une souffrance ou une infirmité à guérir.

Deux ans plus tard, Montfort s'attachait le frère

Mathurin, qui fut le premier membre de la communauté des Frères du Saint-Esprit, destinés à l'instruction de la jeunesse et aux travaux manuels. Après la mort de son Saint-Fondateur, cette congrégation se développa, et par les soins du R. Père Deshayes fut divisée en deux branches : l'une devint la congrégation florissante des Frères de l'instruction chrétienne de Saint-Gabriel et l'autre la communauté des Frères coadjuteurs de la Compagnie de Marie.

III

Cependant le Seigneur voulait ouvrir un champ plus vaste au zèle ardent de son serviteur. Le saint Prêtre avait 31 ans quand il sortit de l'hôpital ; tout ce qu'il avait fait de bien jusque-là ne lui semblait rien. Comme le voyageur qui se hâte d'arriver avant la nuit, il se sentait pressé plus que jamais de mettre à profit le reste de ses jours.

« Touché de compassion pour les infidèles assis dans les ténèbres et à l'ombre de la mort, il souhaitait de voler à leur secours. Il voulut néanmoins, avant d'exécuter ce projet, se rendre dans la ville illustre de Rome, pour visiter le tombeau des saints apôtres et communiquer son dessein au Souverain Pontife Clément XI, de sainte mémoire. Ce Pape décida que le serviteur de Dieu avait été choisi par la Providence, plutôt pour l'utilité de la France que pour le salut des barbares, et qu'il était appelé à combattre vaillamment l'hérésie des jansénistes qui faisait alors beaucoup de ravages. Excité par les paroles du Vicaire de Jésus-Christ, Montfort brûla de zèle pour la Maison de Dieu dans l'esprit et la vertu d'Elie, et, revenu en France revêtu du titre de missionnaire apostolique, il se dévoua entièrement toute sa vie, au ministère des missions » (1).

Et ajoute le décret constatant l'authenticité des miracles. « Dieu suscita ce prêtre rempli du zèle des apôtres pour rappeler aux pensées de l'éternelle vie et à l'humble pratique de la loi de l'Évangile les peuples attachés à la poursuite de vains *fantômes*, en leur adressant des paroles toutes saintes sans s'appuyer sur la sublimité du langage ou de la sagesse humaine.., mais sur la force de l'esprit et de la vertu de Dieu. » Ils sont en effet prodigieux et divins les travaux de ses saintes missions, où il accomplit des choses admirables en excitant la ferveur de la Foi et de la Charité dans toutes les contrées de l'ouest de la France ; en dissipant par la lumière de la

(1) Décret apostolique constatant l'héroïcité des vertus.

vérité catholique les très pernicieuses erreurs jansèniennes et en propageant au loin la dévotion envers les augustes mystères de la Passion du Seigneur, et envers sa mère Immaculée, surtout par l'établissement de la récitation habituelle du Rosaire. Aussi, le considère-t-on justement comme n'étant inférieur à aucun des intrépides disciples du patriarche Saint-Dominique, et même on le regarde avec raison comme un autre Saint-Bernard. »

Après ce panégyrique glorieux, prononcé par la Sainte Église elle-même, nous croirions dépasser les limites restreintes du cadre de cette biographie en suivant Montfort à travers sa vie apostolique. Nous renvoyons aux histoires plus importantes le lecteur avide de renseignements sur les immenses travaux de l'amant passionné de la croix et du serviteur dévoué de Marie.

Les diocèses de Poitiers, de Rennes, de Nantes, de Luçon, de la Rochelle, sont encore remplis de son vivant souvenir.

Le Calvaire de Pont-château, restauré en 1821, et rétabli à peu près dans l'état où le serviteur de Dieu l'avait érigé quand il eut la douleur de le voir démolir par ordre du gouvernement, continue à prêcher dans cette contrée le sujet de prédilection, que traita si souvent avec tant d'éloquence le Saint Missionnaire dans ses courses apostoliques.

Près de la Rochelle on peut visiter l'ermitage de Saint Éloi, entretenu avec soin et respect par les Filles de la Sagesse. C'est là que Montfort composa une partie des écrits qui nous sont restés de lui ; la règle des Filles de la Sagesse est un des fruits les plus précieux de ce lieu béni.

Les habitants de Saint Christophe, du diocèse de Luçon, doivent se rappeler encore la puissante efficacité de la prière de Montfort. Pendant qu'il donnait une mission dans cet endroit, l'homme de Dieu entre un jour chez le sacristain et trouve sa fille à boulanger. Il lui demande si elle est fidèle à offrir son travail à Dieu, et comme elle lui répond ingénument qu'elle y manque bien quelquefois : « N'y manquez jamais, reprend-il. » Pour lui donner l'exemple, il se met à genoux, prie avec ferveur et sort de la maison. Le moment venu de mettre la pâte au four, la mère dit à sa fille de former les pains et de les lui apporter. Quand le four est à peu près rempli, elle lui demande s'il en reste encore. « Vous n'êtes pas » au bout, répond la fille, il en reste encore plus » d'une fois autant. » La mère prend cette parole pour une plaisanterie, mais quel n'est pas son étonnement, quand elle voit qu'en effet il reste tant de pâte que deux autres fournées suffisent à peine pour l'employer ; le pétrin, cependant ne contenait de farine que pour une fournée.

***

La paroisse de Villiers-en-Plaine, du diocèse de Poitiers, n'a pas encore perdu le souvenir de la prodigieuse humilité de Montfort, et de la ferveur avec laquelle le saint apôtre savait prier. A la plantation de la croix qui se fit dans cet endroit, à l'époque des quarante heures ; Montfort est interrompu dans le feu de son discours, par un monsieur et une dame qui se ressentaient fortement de la dissipation du carnaval. Le saint Prêtre, la tête découverte, les mains jointes, écoute avec une modestie dont tout l'auditoire est stupéfait, les injures les plus atroces. A peine les insolents ont-ils cessé leurs insultes, que Montfort se précipite à leurs pieds et leur demande, d'une voix haute, pardon de ce qu'il a pu faire ou dire pour les porter ainsi à offenser Dieu. La conduite du missionnaire les couvre de tant de honte qu'ils se retirent sans dire un mot.

« Quelques jours après, dit Mme d'Orion, épouse
» du seigneur de Villiers, M. de Montfort se trou-
» vait au château, s'étant détaché de la compa-
» gnie, qui était rassemblé dans une des cours,
» il venait de se retirer dans le jardin, quand un
» domestique en entr'ouvrit la porte et la referma
» aussitôt. Un moment après, il l'ouvrit encore,
» parut considérer quelque chose avec attention,
» et l'ayant ensuite refermée, se retira dans
» l'écurie. Je l'avais observé, et l'air d'étonnement

» qui paraissait sur le visage de cet homme
» m'avait frappée. Lorsque la compagnie se fut
» retirée, et que M. de Montfort lui-même fut
» sorti du jardin, je fus à cet homme ; je le trou-
» vai assis sur un coffre, les bras croisés, et
» comme n'en pouvant plus. Il me dit qu'il avait
» une grande peur ; qu'il avait vu M. de Montfort
» à genoux, les bras en croix, dans l'allée de
» charmille, qui faisait face à la porte du jardin,
» et qu'il s'en fallait plus de deux pieds qu'il ne
» touchât la terre ; qu'il ne pouvait pas compren-
» dre qu'un homme fût à genoux, et qu'il ne
» touchât pas la terre ; qu'il avait cru s'être
» trompé la première fois, mais qu'il avait
» regardé à deux fois, et qu'il était bien sûr de ce
» qu'il disait, parce qu'il l'avait vu la seconde
» fois comme la première »

Cette même dame qui avait été une conquête de la mission, nous assure encore, qu'en la quittant, le saint missionnaire répondit à une recommandation qu'elle lui faisait : « Vive Dieu !
» Madame, je le demanderai avec tant de veilles,
» de jeûnes et de prières, qu'il me l'accordera,
» et je mourrai avant que l'année soit finie.
» Souvenez-vous de ce que je vous promets. »
On était alors à la fin de janvier 1716.

IV

C'était peu pour Montfort de travailler au salut des âmes pendant sa vie; il voulait se donner des successeurs qui pussent continuer sa mission après sa mort. C'est en 1713, qu'il jeta les premiers fondements de la Communauté de prêtres à laquelle il donna le nom de Compagnie de Marie, et qui n'a cessé, depuis son établissement, de répondre admirablement aux vues de son saint fondateur. Il conduisit cette affaire avec une rare prudence, et fit à cette occasion un voyage à Paris pour y trouver des sujets.

Pendant son séjour dans la capitale s'accomplit un fait qui montrera que la vertu divine dont il était rempli s'étendait non seulement aux âmes mais aussi aux corps. Un jour qu'il sortait de dire la messe, une pauvre femme touchée de la dévotion qu'il y avait montrée, vint à lui, portant son enfant dont la tête était entièrement rongée de teigne. Elle avait employé tous les remèdes, aucun n'avait pu le guérir. Dans sa douleur de mère, elle s'adresse au saint Prêtre et le prie avec larmes de guérir son enfant. « Croyez-vous, » lui dit alors le saint homme, que les ministres » de Jésus-Christ aient le pouvoir de guérir au

» nom de leur maître, les différentes maladies et » d'imposer les mains? Oui, Monsieur, répond » cette femme, je le crois, et suis persuadée » que, si vous demandez à Dieu la guérison de » mon enfant, elle vous sera accordée. » Dans le moment, Montfort met la main sur la tête de l'enfant, et dit ces mots : « Que le Seigneur vous » guérisse, mon enfant, et récompense en vous » la foi de votre mère. » Aussitôt la teigne se dessèche, tombe, et l'enfant est guéri.

V

Sentant sa fin prochaine, le serviteur de Dieu éprouvait un ardent désir de se retirer de temps en temps dans la solitude pour s'occuper de son salut et s'unir plus étroitement à Dieu. Au milieu de l'immense forêt de Vouvant, sur le penchant d'une montagne, au pied de laquelle serpente la Vendée, il choisit une caverne naturelle formée par un énorme rocher, et entreprit de rendre ce lieu habitable. Chacun des habitants du pays s'estima heureux d'y contribuer. Son dessein, cependant, ne fut jamais exécuté entièrement. Il passa peu de jours dans cet ermitage; mais cet endroit n'a pas laissé d'être consacré dans le souvenir des peuples, comme un lieu béni du

Ciel. De tous les environs, on aime encore aujourd'hui à y aller prier et plus d'une fois la piété y fut récompensée par des grâces miraculeuses.

» Enfin, ce vaillant imitateur d'Elie, épuisé de forces par le poids accablant de ses travaux, tourmenté par les persécutions, harcelé par les calomnies, rassasié d'opprobres, parvint à la fin de sa vie (1). »

Pendant qu'il donnait une mission à Saint-Laurent-sur-Sèvre, alors du diocèse de la Rochelle, actuellement de celui de Luçon, une maladie mortelle se déclara ; tous les soins que l'on s'empressa de prodiguer au pieux malade ne purent amener son rétablissement. Après avoir pris ses dernières dispositions, le saint Prêtre ne pensa plus qu'à la mort. Il demanda qu'on lui laissât au cou, aux bras et aux pieds, les chaînettes qu'il y portait, voulant mourir comme il avait vécu, esclave de Jésus en Marie. De sa main droite il prit le crucifix auquel le Pape avait attaché l'indulgence plénière, et de la gauche la statuette de la Sainte-Vierge qu'il portait toujours avec lui. Constamment il avait les yeux sur ces images et les baisait tour à tour en invoquant les saints noms de Jésus et Marie. Cependant un grand nombre de personnes s'étaient assemblées à la porte de la chambre et demandaient à le

(1) Décret apostolique constatant l'héroïcité des vertus.

voir une dernière fois. Le missionnaire voulut qu'on laissât entrer. Tous se mirent à genoux en poussant des gémissements et lui demandèrent sa bénédiction. L'homme de Dieu s'en défendit, alléguant qu'il était un trop grand pécheur. Mais M. Mulot, l'un des prêtres de sa congrégation, lui ayant dit de les bénir avec son Crucifix afin que ce fût Jésus-Christ et non pas lui qui les bénît, il consentit à le faire de cette manière. Sa chambre était trop petite pour contenir tous ceux qui désiraient avoir le même avantage; il fallut pour satisfaire leurs désirs, qu'elle se vidât et se remplit successivement jusqu'à trois fois. A la vue de ce peuple qui fondait en larmes, le saint missionnaire ranimant toutes ses forces pour lui inspirer les sentiments dont il était pénétré, chanta le couplet suivant, d'un de ses cantiques :

Allons, mes chers amis,
Allons en Paradis;
Quoiqu'on gagne en ces lieux;
Le Paradis vaut mieux.

Un moment après il tomba dans une espèce d'assoupissement; puis, s'étant réveillé tout tremblant, il dit à haute voix : « C'est en vain » que tu m'attaques, je suis entre Jésus et Marie. » *Deo gratias et Mariæ*. Je suis au bout de ma

» carrière. C'en est fait, je ne pécherai plus. » Et il expira doucement sur les huit heures du soir, un mardi 28 avril 1716, à l'âge de 43 ans, deux mois et 28 jours.

Bien que l'humble prêtre eût demandé d'être enterré dans le cimetière avec les pauvres, on ne crut pas devoir déférer à ses désirs, et son corps fut placé dans l'Eglise paroissiale, près de l'autel de la Sainte Vierge. Ce tombeau devint dès lors un lieu de pèlerinage où l'on vient de très loin réclamer l'intercession du serviteur de Jésus et de Marie.

VI

L'héroïcité des vertus du B. Serviteur de Dieu a été reconnue par un décret du Pape Pie IX, de sainte mémoire, en date du 29 septembre 1869. Le 21 février 1886, Sa Sainteté Léon XIII, au 8e anniversaire de son élévation glorieuse au Souverain Pontificat déclara que les quatre miracles proposés pour la béatification ont été accomplis par Dieu à l'intercession du B. Louis-Marie Grignon à savoir : 1e La guérison parfaite et instantanée de la jeune fille, Reine Mall, atteinte d'une coxalgie et d'une luxation spontanée de la jambe droite ; 2e La guérison parfaite et instantanée de la sœur Sainte Lin, fille de la sagesse, atteinte d'un myélite chronique; 3e La guérison parfaite et instantanée de la sœur Saint-Gabriel, ayant à la fois une phtysie pulmonaire mortelle, un kyste et une maladie de cœur; 4e Enfin, la guérison parfaite et instantanée de la sœur Emmanuel, prise d'une hémiplégie spinale (1).

La piété des fidèles envers leur bien-aimé P. de Montfort, dit le même décret, s'accrut de plus en plus par des guérisons éclatantes qui, marquées au coin de la toute puissance divine se multiplient encore aujourd'hui et rendent sòn tombeau glorieux.

---

(1) Décret apostolique constatant l'authenticité des miracles.

MÉTHODE

DU BIENHEUREUX PÈRE DE MONTFORT

Pour dire avec fruit le saint Rosaire.

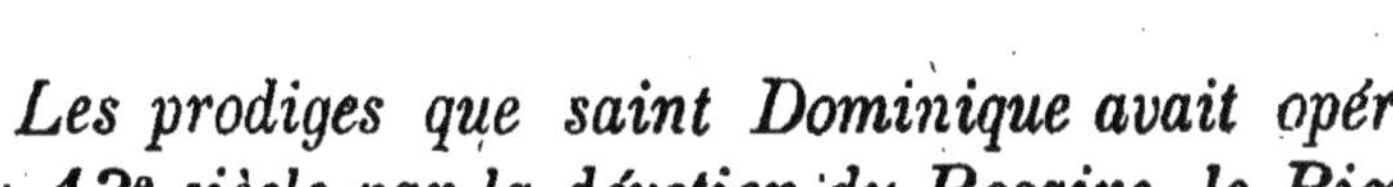

Les prodiges que saint Dominique avait opérés au 13e siècle par la dévotion du Rosaire, le Bienheureux Grignon de Montfort les renouvela cinq siècles plus tard.

Il serait impossible de dire toutes les conversions et toutes les grâces extraordinaires qu'il obtint par cette dévotion.

Pour populariser le Saint Rosaire, le Bienheureux de Montfort a composé une Méthode qui expose, en quelques mots pleins d'onction, chacun des 15 Mystères, avec les fruits de grâces qui en découlent. Elle donne ainsi un moyen facile de méditer pieusement, selon les intentions formelles des Souverains Pontifes, sur les principaux Mystères de notre Rédemption qui forment le fond même de la dévotion du Rosaire. C'est cette Méthode qu'on offre ici aux fidèles.

Puisse-t-elle contribuer, comme par le passé, à faire aimer le Saint Rosaire.

Au nom du Père, et du Fils, et du Saint-Esprit. Ainsi soit-il.

Je m'unis à tous les Saints qui sont dans le Ciel, à tous les Justes qui sont sur la terre, à toutes les âmes fidèles qui sont dans ce lieu. Je m'unis à vous, mon Jésus, pour louer dignement votre sainte Mère, et vous louer en Elle et par Elle. Je renonce à toutes les distractions qui me viendront pendant ce Chapelet, que je veux dire avec modestie, attention et dévotion, comme si c'était le dernier de ma vie.

Nous vous offrons, très sainte Trinité, ce *Credo*, pour honorer tous les Mystères de notre Foi ; ce *Pater* et ces trois *Ave*, pour honorer l'Unité de votre essence et la Trinité de vos personnes. Nous vous demandons une Foi vive, une ferme Espérance et une ardente Charité.

Je crois en Dieu, etc.

Notre Père, etc.

Trois fois. **Je vous salue Marie, etc.**

Gloire soit au Père, au Fils et au Saint-Esprit, comme elle était dès le commencement, maintenant et toujours, dans tous les siècles des siècles. Ainsi soit-il.

Où : Gloria Patri, etc.

MYSTÈRES JOYEUX

1° *L'Incarnation.*

Nous vous offrons, Seigneur Jésus, cette première dizaine en l'honneur de votre Incarnation dans le sein de Marie ; et nous vous demandons, par ce Mystère et par son intercession, une profonde humilité. Ainsi soit-il.

Notre Père. *Dix fois.* **Je vous salue. Gloire soit, etc.**

Grâce du Mystère de l'Incarnation descendez dans nos âmes. Ainsi soit-il,

2° *La Visitation.*

Nous vous offrons, Seigneur Jésus, cette seconde dizaine en l'honneur de la Visitation de votre sainte Mère à sa cousine sainte Elisabeth, et de la Sanctification de saint Jean-Baptiste ; et nous vous demandons, par ce Mystère et par l'intercession de votre sainte Mère, la charité envers notre prochain. Ainsi soit-il.

Notre Père. *Dix fois :* **Je vous salue. Gloire soit, etc.**

Grâce du Mystère de la Visitation descendez dans nos âmes. Ainsi soit-il.

3° *La Naissance de Jésus*

Nous vous offrons, Seigneur Jésus, cette troisième dizaine en l'honneur de votre Nativité dans l'étable de Bethléem ; et nous vous demandons, par ce Mystère et par l'intercession de votre sainte Mère, le détachement des biens du monde, le mépris des richesses et l'amour de la pauvreté. Ainsi soit-il.

Notre Père. *Dix fois :* **Je vous salue. Gloire soit, etc.**

Grâce du Mystère de la naissance de Jésus, descendez dans nos âmes. Ainsi soit-il.

4° La Présentation au Temple.

Nous vous offrons, Seigneur Jésus, cette quatrième dizaine en l'honneur de votre Présentation au Temple, et de la Purification de Marie ; et nous vous demandons, par ce Mystère et par son intercession, une grande pureté de corps et d'esprit. Ainsi soit-il.

Notre Père. *Dix fois :* **Je vous salue. Gloire soit, etc.**

Grâce du Mystère de la Purification, descendez dans nos âmes. Ainsi soit-il.

5° Le Recouvrement de Jésus.

Nous vous offrons, Seigneur Jésus, cette cinquième dizaine en l'honneur de votre Recouvrement au Temple par Marie ; et nous vous demandons, par ce Mystère et par son intercession, la véritable sagesse. Ainsi soit-il.

Notre Père. *Dix fois :* **Je vous salue**. **Gloire soit, etc.**

Grâce du Mystère du Recouvrement de Jésus, descendez dans nos âmes. Ainsi soit-il.

MYSTÈRES DOULOUREUX

6° *L'Agonie.*

Nous vous offrons, Seigneur Jésus, cette sixième dizaine en l'honneur de votre Agonie mortelle au Jardin des Olives ; et nous vous demandons, par ce Mystère et par l'intercession de votre sainte Mère, la contrition de nos péchés. Ainsi soit-il.

Notre Père. *Dix fois :* **Je vous salue**. **Gloire soit, etc.**

Grâce du Mystère de l'Agonie de Jésus, descendez dans nos âmes. Ainsi soit-il.

7° *La Flagellation.*

Nous vous offrons, Seigneur Jésus, cette septième dizaine en l'honneur de votre sanglante Flagellation ; et nous vous demandons, par ce Mystère et par l'intercession de votre sainte Mère, la mortification de nos sens. Ainsi soit-il.

Notre Père, *Dix fois :* **Je vous salue**. **Gloire soit, etc.**

Grâce du Mystère de la Flagellation de Jésus, descendez dans nos âmes. Ainsi soit-il.

8° *Le Couronnement d'épines.*

Nous vous offrons, Seigneur Jésus, cette huitième dizaine en l'honneur de votre Couronnement d'épines ; et nous vous demandons, par ce Mystère et par l'intercession de votre sainte Mère, le mépris du monde. Ainsi soit-il.

Notre Père. *Dix fois :* **Je vous salue. Gloire soit, etc.**

Grâce du Mystère du Couronnement d'épines, descendez dans nos âmes. Ainsi soit-il.

9° *Le Portement de la Croix.*

Nous vous offrons, Seigneur Jésus, cette neuvième dizaine en l'honneur de votre Portement de Croix ; et nous vous demandons, par ce Mystère et par l'intercession de votre sainte Mère, la patience dans toutes nos croix. Ainsi soit-il.

Notre Père. *Dix fois :* **Je vous salue. Gloire soit, etc.**

Grâce du Mystère du Portement de Croix, descendez dans nos âmes. Ainsi soit-il.

10° *Le Crucifiement.*

Nous vous offrons, Seigneur Jésus, cette dixième dizaine en l'honneur de votre Crucifiement et de votre Mort ignominieuse sur le Calvaire ; et nous vous demandons, par ce Mystère et par l'intercession de votre sainte Mère, la conversion des pécheurs, la persévérance des justes et le soulagement des âmes du purgatoire. Ainsi soit-il.

Notre Père. *Dix fois :* **Je vous salue. Gloire soit, etc.**

Grâce du Mystère du Crucifiement de Jésus, descendez dans nos âmes. Ainsi soit-il.

MYSTÈRES GLORIEUX

11° La *Résurrection.*

Nous vous offrons, Seigneur Jésus, cette onzième dizaine en l'honneur de votre Résurrection glorieuse; et nous vous demandons, par ce Mystère et par l'intercession de votre sainte Mère, l'amour de Dieu et la ferveur dans votre service. Ainsi soit-il.

Notre Père. *Dix fois :* **Je vous salue. Gloire soit, etc.**

Grâce du Mystère de la Résurrection, descendez dans nos âmes. Ainsi soit-il.

12° *L'Ascension.*

Nous vous offrons, Seigneur Jésus, cette douzième dizaine en l'honneur de votre triomphante

Ascension ; et nous vous demandons, par ce Mystère et par l'intercession de votre sainte Mère, un désir ardent du Ciel, notre chère patrie. Ainsi soit-il.

Notre Père. *Dix fois* : **Je vous salue. Gloire soit, etc.**

Grâce du Mystère de l'Ascension, descendez dans nos âmes. Ainsi soit-il.

13° *La Pentecôte.*

Nous vous offrons, Seigneur Jésus, cette treizième dizaine en l'honneur du Mystère de la Pentecôte ; et nous vous demandons, par ce Mystère et par l'intercession de votre sainte mère, la descente du Saint-Esprit dans nos âmes. Ainsi soit-il.

Notre Père. *Dix fois* : **Je vous salue. Gloire soit, etc.**

Grâce du Mystère de la Pentecôte, descendez dans nos âmes. Ainsi soit-il.

14° *L'Assomption de la sainte Vierge.*

Nous vous offrons. Seigneur Jésus, cette quatorzième dizaine en l'honneur de la Résurrection et de la triomphante Assomption de votre sainte Mère dans le Ciel ; et nous vous demandons, par ce Mystère et par son intercession, une tendre dévotion pour une si bonne Mère. Ainsi soit-il.

Notre Père. *Dix fois :* **Je vous salue. Gloire soit, etc**

Grâce du Mystère de l'Assomption, descendez dans nos âmes. Ainsi soit-il.

15° *Le Couronnement de Marie.*

Nous vous offrons, Seigneur Jésus, cette quinzième et dernière dizaine en l'honneur du Couronnement de votre sainte Mère ; et nous vous demandons, par ce Mystère et par son intercession la persévérance dans la grâce et la couronne de la gloire. Ainsi soit-il.

Notre Père. *Dix fois :* **Je vous salue. Gloire soit, etc.**

Grâce du Mystère du Couronnement de gloire de Marie, descendez dans nos âmes. Ainsi soit-il.

Dieu seul.

Je vous salue, Marie, Fille très aimable du Père éternel, Mère admirable du Fils, Épouse très fidèle du Saint-Esprit, Temple auguste de la très sainte Trinité. Je vous salue, Souveraine Princesse, à qui tout est soumis au Ciel et sur la terre. Je vous salue, Refuge assuré des pécheurs, Notre-Dame de Miséricorde, qui n'avez jamais rebuté personne ; tout pécheur que je suis, je me jette à vos pieds et je vous prie de m'obtenir du bon Jésus, votre cher Fils, la contrition et le pardon de tous mes péchés, avec la divine sagesse. Je me consacre tout à vous, avec tout ce que j'ai. Je vous prends aujourd'hui pour ma Mère et ma Maîtresse ; traitez-moi donc comme le dernier de vos enfants et le plus soumis de vos serviteurs. Ecoutez, ma Princesse, écoutez les soupirs d'un cœur qui désire vous aimer et vous servir fidèlement. Qu'il ne soit point dit que, de tous ceux qui ont eu recours à vous, j'en aie été le premier abandonné. O mon espérance ! ô ma vie ! ô ma fidèle et immaculée Vierge Marie, défendez-moi, nourrissez-moi ! exaucez-moi, instruisez-moi, sauvez-moi ? Ainsi soit-il.

Loué soit, adoré et aimé Jésus, au très saint Sacrement de l'Autel. A jamais !

O Jésus, mon aimable Jésus ! ô Marie, Mère de Jésus, et notre bonne Mère ! donnez-nous, s'il vous plaît, votre sainte bénédiction.

Supportez-nous dans nos misères ; écoutez-nous dans nos prières, et nous gardez du monde et du démon.

Ainsi soit-il.

INDULGENCES

QUE PEUVENT GAGNER PLUS FACILEMENT

LES CONFRÈRES DU SAINT-ROSAIRE

(*Extrait du Catalogue révisé par la Sacrée-Congrégation des Indulgences et des saintes reliques, et approuvé par le Pape Innocent XI, en* 1679.)

1° 100 jours sur chaque grain du chapelet; *de plus*, 50 ans quand il est récité devant l'autel de la Confrérie, ou dans une église ou dans un oratoire. *De plus*, 10 ans et 10 quarantaines, s'il est récité en commun. *De plus* 5 ans et 5 quarantaines toutes les fois que l'on invoque le nom de Jésus, à la fin de chaque *Ave Maria*, du chapelet. 2° Toutes les indulgences de la Couronne d'Espagne (dont une *plénière*); chaque fois que l'on dit le Rosaire en entier dans le jour ou dans la semaine. 3° 100 ans chaque jour, par l'acte de contrition, quand l'on porte, en l'honneur de la sainte Vierge, le chapelet sur soi.

Indulgences plénières par la Communion, le 1er dimanche du mois; aux 5 principales fêtes de la sainte Vierge; et le dernier dimanche du mois, si l'on récite le chapelet chaque jour. A l'article de la mort, *six indulgences plénières*.

Conditions: 1° Avoir un chapelet bénit par un religieux dominicain, ou par un prêtre en ayant reçu le pouvoir du Général des Dominicains. 2° Réciter le chapelet sans interruption notable, en disant, pour méditations des mystères, les prières correspondant à chaque dizaine selon la méthode qui précède. 3° Une visite pour les *indulgences plénières*.

Toutes les indulgences du Rosaire sont applicables aux âmes du purgatoire.

Lille, Typ. J. Lefort. 1886

21

OUVRAGES

DU B^x LOUIS-MARIE GRIGNON DE MONTFORT

1° **Traité de la Vraie Dévotion à la sainte Vierge**; in-18, **1** fr.

2° **Amour de la Divine Sagesse**; in-18, **1** fr.; *franco*, **1** fr. **15**.

3° **Le Secret de Marie dévoilé** à l'âme pieuse; **0** fr. **20**; *franco*, **0** fr. **25**.

4° **Lettres aux amis de la Croix**; **0** fr. **10**; *franco*, **0** fr. **15**.

5° **Méthode du Vénérable de Montfort**, pour dire avec fruit le saint Rosaire; 8 pages in-32. **3** fr. **50** le cent.

OUVRAGES DIVERS

SUR LE B^x LOUIS-MARIE GRIGNON DE MONTFORT

ET SES INSTITUTIONS

1° **Vie du Vénérable Louis-Marie Grignon de Montfort**; par l'abbé Pauvert, 1 vol. grand in-8° : **6** fr.

2° **Vie populaire du Vénérable Louis-Marie Grignon de Montfort**; par le P. Fonteneau; 1 vol. in-12 : **0** fr. **60**; *franco*, **0** fr. **75**.

3° **Histoire de la Congrégation de la Sagesse**; par le même; 1 vol. in-12 : **4** fr.; *franco*, **4** fr. **50**.

4° **Le Règne de Jésus par Marie**; par un missionnaire de la Compagnie de Marie; 1 vol. in-32 jésus; relié percaline : **1** fr. **10**; affranchissement, **0** fr **30**.

5° **Mois de Marie**, ou Traité de la vraie dévotion à la sainte Vierge, du Vénérable Grignon de Montfort, divisé pour les trente et un jours du mois de Marie, avec exemples; in-32, avec encadrement rouge : **1** fr. **50**.

www.ingramcontent.com/pod-product-compliance
Ingram Content Group UK Ltd.
Pitfield, Milton Keynes, MK11 3LW, UK
UKHW022152170726
13837UKWH00004B/1943